AF312744

VENTE DES 4, 5, 7 ET 8 DÉCEMBRE 1899

HOTEL DROUOT, SALLE N° 2

BIBLIOTHÈQUE

DU CHATEAU DE VALENÇAY

Dépendant de la Succession du duc de Talleyrand, Valençay et Sagan

CATALOGUE

DE

LIVRES ANCIENS

ET MODERNES

ANSELME. *Histoire généalogique de la Maison de France.*
— CALMET. *Histoire de Lorraine.* — D'HOZIER. *Armorial de France.* — Gallia Christiana. — Gaʒette de France.* Collection complète. — *Almanach royal.*
Collection complète. — Recueil de 2,500 Maʒarinades.
— MORICE. *Histoire de Bretagne.* — Ordonnances des Rois de France. — Recueils de portraits. — Recueil de 900 pièces publiées de 1557 à 1593. — Recueil des Historiens des Gaules. — 5,000 pièces sur la Révolution Française. — Ouvrages à gravures. — *Histoire des Provinces de France.* — Histoire de Napoléon Ier,* etc., etc.

PARIS — 1899

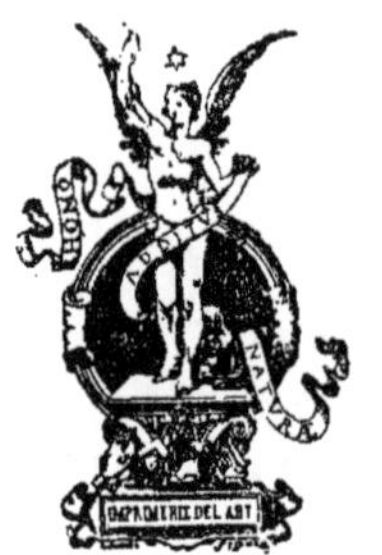

VENTE DES 4, 5, 7 ET 8 DÉCEMBRE 1899

HOTEL DROUOT, SALLE N° 2

BIBLIOTHÈQUE
DU CHATEAU DE VALENÇAY

Dépendant de la Succession du duc de Talleyrand, Valençay et Sagan

CATALOGUE

DE

LIVRES ANCIENS
ET MODERNES

ANSELME. *Histoire généalogique de la Maison de France.*
— CALMET. *Histoire de Lorraine.* — D'HOZIER. *Armo-
rial de France.* — *Gallia Christiana.* — *Gazette de
France.* Collection complète. — *Almanach royal.*
Collection complète. — Recueil de 2,500 *Mazarinades.*
— MORICE. *Histoire de Bretagne.* — Ordonnances des
Rois de France. — Recueils de portraits. — Recueil
de 900 pièces publiées de 1557 à 1593. — Recueil des
Historiens des Gaules. — 5,000 pièces sur la Révo-
lution Française. — Ouvrages à gravures. — *Histoire
des Provinces de France.* — *Histoire de Napoléon I*^{er},
etc., etc.

PARIS — 1899

LA VENTE AURA LIEU

A la requête de M. Imbert, administrateur de la succession

Les 4, 5, 7 et 8 Décembre 1899

à deux heures

HOTEL des COMMISSAIRES-PRISEURS, 9, rue Drouot

SALLE N° 2

COMMISSAIRES-PRISEURS

Mᵉ E. BÉGUIN
4, rue Laferrière

Mᵉ G. DUCHESNE
6, rue de Hanovre

Mᵉ P. CHEVALLIER
10, rue de la Grange-Batelière

Mᵉ CH. DUBOURG
42, rue des Petits-Champs

Assistés de **M. J. MARTIN, libraire-expert**
6, rue de Savoie

CONDITIONS DE LA VENTE

La vente se fait au comptant.

Les acquéreurs payeront *cinq pour cent* en sus des adjudications.

Les livres ne seront repris pour aucune cause.

ORDRE DES VACATIONS

Le Lundi 4 Décembre . . . . 1 à 162

Le Mardi 5   —   . . . . 163 à 332

Les Jeudi 7 et Vendredi 8 Décembre. Livres en lots.

Paris. — Imp. de l'Art, E. Moreau et Cⁱᵉ, 41, rue de la Victoire.

DÉSIGNATION

1 — **Adam**, menuisier de Nevers. Les Chevilles. Seconde édition. *Rouen, Cailloué*, 1654, pet. in-8°, mar. rouge, fil., tr. dor. Rel. anc.

2 — **Aitsinger.** De Leone Belgico ejusque topographica atque historica descriptione et Hogenbergii 112 figuris liber ornatus ab anno 1559 usque ad annum 1583. *Coloniæ*, 1583, in-fol., v. *Planches.*

3 — **Almanach** des Muses. *Paris*, 1re année 1765 à 1821, 59 vol. in-18, v. vert.

4 — **ALMANACH ROYAL**. Almanach ou Calendrier pour les années 1693, 1694, 1696, 1697, 1699. *Paris*, chez *Laurent d'Houry*, 5 vol. in-8°, parch. — Almanach ou Calendrier pour 1698 et 1700. *Paris*, chez *P. de la Carrière*, 2 vol. in-8°, v. — Almanach Royal. *Paris, Laurent d'Houry*, 1701 à 1841 ; ensemble 149 vol. in-8°, rel. en veau et en mar. (25 vol. rel. en mar. anc. avec armoiries).

5 — **Amours** d'Anne d'Autriche, épouse de Louis XIII, avec Monsieur le C. D. R. (Cardinal de Richelieu), le véritable père de Louis XIV. *Cologne, P. Marteau*, 1693, in-12, mar. bl. fil., tr. dor. Rel. anc.

6 — **Annales** et nouvelles annales des voyages et des sciences géographiques, par Malte-Brun, Eyriès, Klaproth, etc. *Paris*, 1813-1828, 62 vol. in-8°, v. f.

7 — **Anselme** (Le Père). Histoire généalogique et chronologique de la Maison Royale de France, des Pairs, Grands Officiers de la Couronne et des anciens Barons du Royaume. *Paris*, 1726-1733, 9 vol. in-fol., v. f.

8 — **Apophtegmes** ou bons mots des Anciens, tirez de Plutarque, Diogène, Laerce, Elien; trad. par Perrot d'Ablancourt. *Paris*, 1694, in-12, mar. vert, tr. dor. Rel. anc.

9 — **Arcere**. Histoire de la ville de La Rochelle et du pays d'Aulnis. *La Rochelle*, 1756, 2 vol. in-4°, v.

10 — **Arcussia** de Capre (Ch. d'). La Fauconnerie. — La Fauconnerie du Roy. — Lettres de Philoierax à Philofalco où sont contenues les maladies des oyseaux et les remedes pour les guerir. *Rouen, Vaultier*, 1643, 3 parties en 1 vol. in-4°, parch. *Fig.*

11 — **Arioste**. Roland Furieux, poëme, trad. par Panckoucke et Framery. *Paris, Plassan*, 1787, 10 vol. in-18, mar. rouge, fil. dent., tr. dor. Rel. anc.

12 — **Art** de vérifier les dates des faits historiques, des Chartes, des chroniques et des autres anciens monumens, par les Religieux Bénédictins de S. Maur. *Paris, Jombert*, 1783, 3 vol. in-fol., mar. rouge, fil., tr. dor. Rel. anc.

13 — **Art** de vérifier les dates des faits historiques, par

les religieux de la Congrégation de S. Maur. *Paris*, 1818, 5 vol. in-4º, v. f., tr. dor.

14 — **Bardin**. Le Grand Chambellan de France. Livre où il est traité des honneurs, droicts et pouvoirs de cet office. *Paris*, 1623, in-fol., v.
Aux armes de Richelieu.

15 — **Basan**. Dictionnaire des Graveurs anciens et modernes. *Paris*, 1789, 2 vol. in-8º, cart., n. rog. *Fig.*
Au chiffre de la Duchesse de Berry.

16 — **Bayle**. Dictionnaire historique et critique. *Paris*, Desoer, 1820, 16 vol. in-8º, v. f. (*Hering.*)

17 — **Beauchamp** (A. de). Histoire de la Guerre de la Vendée. *Paris*, 1820, 4 vol. in-8º, v. *Portr.* et *carte.*

18 — **Benjaminis** itinerarium cum versione et notis Const. Lempereur. *Lugd. Batav., ex-offic. Elzeviriana*, 1633, in-12, mar. citr., tr. dor. Rel. anc.

19 — **Bernier**. Histoire de Blois. *Paris*, 1682, in-4º, v.

20 — **Beroalde de Verville**. Le Moyen de parvenir. *Paris*, 1757, 2 vol. in-12, mar. rouge, fil., tr. dor. Rel. anc.

21 — **Besenval** (le Bon de). Mémoires sur les règnes de Louis XV et Louis XVI. *Paris*, 1805, 4 vol. in-8º, d.-rel. *Portr.*

22 — **Besly**. Histoire des comtes de Poictou et ducs de Guyenne. *Paris*, 1647, in-fol., v. marb. *Planches.*
Aux armes du Duc de Mortemart.

23 — **Beugnot** (le Cte), ancien ministre. Mémoires, 1783-1815. *Paris, Dentu*, 1866, 2 vol. in-8º, d.-rel. chag.

24 — **Biographie** universelle ancienne et moderne. *Paris, Michaud*, 1811, 52, vol. in-8°, v. f.

25 — **Blondel**. Des Sibylles célébrées tant par l'antiquité payenne que par les Saincts Pères. *Paris*, 1649, in-4°, v.

26 — **Boccaccio**. Il Decamerone. *Londra*, 1757, 5 vol. in-8°, v. *Figures de Gravelot*.

27 — **Boguet**. Discours exécrable des Sorciers. *Paris*, 1603. — De la tranquillité d'esprit. Plus un discours sur le procès criminel faict à une sorcière condamnée à mort et exécutée au bourg de la Neufville-le-Roy, en Picardie. *Paris*, 1588. En 1 vol. pet. in-8°, v.

28 — **Boileau Despréaux**. Œuvres avec des remarques, par de Saint-Marc. *Paris*, 1747, 5 vol. in-8°, v. f. *Fig. et vignettes, par Eisen*.

29 — **Boileau Despréaux**. Œuvres complètes. *Paris, Dupont*, 1825, 4 vol. in-8°, v. ant. (*Hering.*)

3o — **Bonneville**. Traité des monnaies d'or et d'argent qui circulent chez les différents peuples. *Paris*, 1806, in-fol., v. *Planches*.

31 — **Bourniseaux**. Histoire des Guerres de la Vendée et des Chouans. *Paris*, 1819, 3 vol. in-8°, v.

32 — **Bourrienne**. Mémoires sur Napoléon. *Paris, Ladvocat*, 1829, 10 vol. in-8°, d.-rel., v. f.

33 — **Brantôme**. Œuvres complètes. *Paris, Foucault*, 1822, 8 vol. in-8°, v.

34 — **Brard**. Traité des pierres précieuses. *Paris*, 1808, 2 vol. in-8°, pl., mar. rouge, fil. dent. tr. dor. (*Lefebvre.*)

35 — **Bronsted**. Voyages dans la Grèce, accompagnés de recherches archéologiques. *Paris, Didot*, 1826, 2 vol. in-fol., papier vélin, mar. rouge, dent., tr. dor. *Planches.*

36 — **Buffon**. Histoire naturelle générale et particulière. *Paris, Impr. Roy.*, 1749-1778, 20 vol. in-4°, mar. rouge, tr. dor., rel. anc. *Planches.*

37 — **Bürger**. Lenardo und Blandine, ein Melodram in 160 Leidenschaftlichen Entwürsen von Gotz, 1783, in-4°, v. *160 planches.*

38 — **Burnet**. Histoire des dernières révolutions d'Angleterre. *La Haye*, 1727, 7 vol. in-12, mar. rouge, tr. dor., rel. anc. *Portraits.*

39 — **Calmet** (Dom Aug.). Abrégé chronologique de l'histoire sacrée et prophane. *Nancy*, 1729, in-12 mar. rouge, tr. dor., rel. anc.
Aux armes du duc Charles de Lorraine.

40 — **Calmet** (Dom). Histoire ecclésiastique de Lorraine. *Nancy*, 1728, 4 vol. in-fol., v. marb., armoiries. *Planches.*

41 — **Calmet** (Dom Aug.) Abrégé de l'histoire de Lorraine. *Nancy*, 1734, in-12, mar. rouge, tr. dor.
Aux armes du duc Charles de Lorraine.

42 — **Calmet** (Dom). Histoire généalogique de la maison Du Châtelet, branche puinée de la maison de Lorraine. *Nancy,* 1741, in-fol., v. marb., armoiries.

— —

43 — **Camuzat.** Promptuarium sacrarum antiquitatum Tricassinœ diœcesis. *Augustœ Trecarum,* 1610, petit in-8°, parch.

44 — **Castelnau** (Michel de). Mémoires publiés par J. Le Laboureur. *Bruxelles,* 1731, 3 vol. in-fol., v. *Portraits.*

45 — **Caylus** (le Cte de). Recueil de ces Dames. — Recueil de ces Messieurs. *Bruxelles,* 1745, 2 vol. in-12, mar.) rouge, fil. tr. dor., rel. anc.

46 — **Cervantes.** Histoire de Don Quichotte de La Manche, trad. de Filleau de Saint-Martin. *Paris,* 1825. 6 vol. in-8°, v. ant. (*Hering.*)

47 — **César.** Les commentaires de César, d'une traduction toute nouvelle. *Amsterdam,* 1755, 2 vol. in-12, mar. rouge, fil. tr. dor., rel. anc.

  Aux armes de Lorraine.

48 — **Chambure** (A. de). Napoléon et ses contemporains. *Paris, Bossange,* 1824, in-4°, d.-rel mar. bl., n. rog. *Planches sur Chine.*

49 — **Chansons** du Châtelain de Coucy, revues par Fr. Michel. *Paris, Crapelet,* 1830, gr. in-8°, cart.

50 — **Chants** et Chansons populaires de la France ; notices par Dumersan. *Paris, Garnier,* 3 vol. gr. in-8°, d.-rel. chag. *Figures.*

51 — **Chapuys** (G.). L'histoire du royaume de Navarre. *Paris,* 1596, in-8°, parch.

52 — **Charron.** De la Sagesse, trois livres. *Amsterdam,*

L. et D. Elzevier, 1662, in-12, front., mar. rouge, fil., tr. dor. Rel. anc.

53 — **Chartier** (Alain). Œuvres revues, corrigées et augmentées par A. Du Chesne, Tourangeau, *Paris*, 1617, in-4°, parch.

54 — **Choiseul - Gouffier**. Discours préliminaire du voyage pittoresque de la Grèce. *Kehl*, Imprimerie de la Société littéraire-typographique, 1783, in-18, mar. rouge, fil., tr. dor. Rel. anc.

> Exemplaire tiré sur peau de vélin.

55 — **Choix** de poésies, traduites du Grec, du Latin et de l'Italien. *Londres (Paris, Cazin)*, 1786, 2 vol. in-18, chag. rouge, tr. dor. *Vignettes de Borel, Moreau et Marillier.*

56 — **Chompré**. Dictionnaire de la Fable. *Paris, Desray.* 1801, 2 vol. in-8°, mar. rouge, fil. dent., tr. dor. (*Bozerian.*)

57 — **Cicéron**. Œuvres complètes, trad. en français, par V. Le Clerc. *Paris, Lefèvre*, 1825, 30 vol. in-8°, v. f.

58 — **Codex** Canonum vetus Ecclesiæ Romanæ a Fr. Pithœo restitutus. Accedunt formulæ antiquæ Alsaticæ. *Parisiis*, 1687, in-fol., mar. rouge, fil. comp., tr. dor. *Reliure ancienne avec armoiries.*

59 — **Collection** d'auteurs français et étrangers, imprimée par ordre de M. le comte d'Artois. *Paris, Didot*, 1781, 66 tomes en 29 vol. in-18, mar. violet, tr. dor. (*Kleinhans.*)

60 — **Collection** des Chroniques Nationales Françaises du xiiie au xvie siècle, avec notes par Buchon. *Paris*, 1824, 27 vol. in-8°, v.

61 — **Collection** universelle des Mémoires particuliers relatifs à l'Histoire de France, publiés par *Roucher*, *Perrin* et *Dussieux*. *Paris*, 1785, 72 vol. in-8°, v.

62 — **Columella**. Les Douze livres des Choses rustiques, trad. en françois, par Cl. Cotereau. *Paris*, *Kerver*, 1555, in-4°, d.-rel.

63 — **Constituciones** de la Real y distinguida Orden Española, de Carlos Tercero. *Madrid*, 1804, in-4°, mar. rouge, fil. dent., tr. dor.

64 — **Conti** (Le Prince de). Les Devoirs des Grands. *Paris*, *D. Thierry*, 1666, in-12, mar. rouge, fil., tr. dor. Rel. anc.

65 — **Cooke.** La Papesse Jeanne ou Dialogue entre un Protestant et un Papiste. *Sedan*, 1633, in-8°, v.

66 — **Corneille** (P.). Œuvres. *Paris*, *Janet*, 1821, 12 vol. in-8°, v. *Portr.*

67 — **Corneille** (P.). Œuvres choisies. *Paris*, *L'Heureux*, 1822, 5 vol. in-8°, v. bleu.

68 — **Correspondance** secrète de Charette, Stofflet, Puisaye, Cormatin, Frotté, etc. *Paris*, 1799, 2 vol. in-8°, v. marb. *Portr.*

69 — **Corrozet** (Gilles). Propos mémorables des nobles et illustres hommes de la Chrestienté. Avec plusieurs nobles et excellentes sentences. *A Rouen, chez Th. Mallard*, s. d. (vers 1560), in-16, mar. bl., tr. dor.

70 — **Coulon**. Les rivières de France. *Paris*, 1644, 2 vol. in-8°, parch.

71 — **Coustumes** du duché et bailliage de Touraine. *Tours*, 1661, in-4°, v.

72 — **Crébillon**. Œuvres. *Paris*, 1772, in-12, mar. rouge, fil., tr. dor. Rel. anc.

73 — **Dacier**. Bibliothèque des anciens philosophes. *Paris*, 1771, 8 vol. in-12, mar. rouge, fil., dent. tr. dor. *Rel. anc.*

74 — **Dalrymple**. Voyage en Espagne et en Portugal dans l'année 1774. *Paris*, 1783, in-8°, fig., mar. rouge, tr. dor. Rel. anc.

75 — **Danchet**. Théâtre. *Paris*, 1751, 4 vol. in-12, portr. et front. mar. rouge, fil., tr. dor. Rel. anc.

76 — **Dapper**. Description de l'Afrique. *Amsterdam*, 1686, in-fol., v. *Planches.*

77 — **Daumier** (H.). Les cent et un Robert-Macaire. *Paris, Aubert*, 1839, 2 vol. in-4°, cart. *101 planches lithogr.*

78 — **Descamps**. Voyage pittoresque de la Flandre et du Brabant. *Paris*, 1769, in-8°, fig., mar. rouge, fil., tr. dor. Rel. anc.
Aux armes du Marquis de Ménars.

79 — **Descartes**. Les Passions de l'âme. *Amsterdam. L. Elzevier*, 1650, in-12, mar. rouge, fil., dent. tr. dor.

80 — **Description de l'Egypte**, ou Recueil des observations et des recherches qui ont été faites en Egypte pendant l'expédition de l'armée française. *Paris, Imprimerie Impériale*, 1809, 14 vol. in-fol. de texte et 12 vol. gr. in-fol. de planches, d.-rel., non rognés.

81 — **Desmarets**. La deffense du poème héroïque, avec quelques remarques sur les Œuvres satyriques du Sieur D^x (Despréaux). *Paris*, 1674, in-4°, v.

82 — **Desormeaux**. Histoire de la maison de Bourbon. *Paris, Impr. Roy.*, 1772, 5 vol. in-4°, v. marb., tr. dor. *Portraits, figures et vignettes par Choffard.*

83 — **Deval**. Deux années à Constantinople et en Morée *Londres*, 1828, gr. in-8°, cart., n. rog. *Planches coloriées.*

84 — **Devisme**. Histoire de la ville de Laon. *Laon*, 1822, 2 vol. in-8°, v. *Figures.*

85 — **D'Hozier**. Armorial général de la France. *Paris, Collombat*, 1738-1752, 7 vol. in-fol., v. marbr.

86 — **Diderot et D'Alembert**. Encyclopédie ou dictionnaire raisonné des Sciences, des Arts et des Métiers. *Paris*, 1751, 35 vol. in-fol., v. f. *Planches.*

87 — **Duboys** (Pierre). Tholosain. L'Académie des Philosophes, cont. leur vie, mœurs, gestes, dicts, sentences. *Lyon, B. Rigaud*, 1587, petit in-8°, d.-rel.

88 — **Duchemin Descepeaux**. Lettres sur l'origine de la Chouannerie et sur les Chouans du Bas-Maine. *Paris*, 1825, 2 vol. in-8°, d.-rel., v.

89 — **Du Choul**. Discours de la religion des anciens Romains, de la Castrametation et discipline militaire. *Lyon, Roville, 1567, in-4°, v. Figures sur bois.*

90 — **Du Fouilloux**. La Venerie de Jacques Du Fouilloux, gentilhomme du pays de Gastine, en Poictou. *Paris, Billaine, 1635.* — Le Miroir de fauconnerie, par P. Harmont. *Paris, 1634.* En 1 vol. in-4°, v. *Figures sur bois.*

91 — **Du Halde**. Description de l'Empire de la Chine et de la Tartarie chinoise. *Paris, 1735,* 4 vol. in-fol., v. *Planches.*

92 — **Du Mesnil**. Chroniques neustriennes, ou précis de l'histoire de Normandie. *Paris, 1825,* in-8°, v. f.
Au chiffre de la Duchesse de Berry.

93 — **Dumont** et **Rousset**. Corps universel diplomatique du Droit des Gens ; cont. un recueil des traitez d'alliance, de paix, de commerce, d'échange…, qui ont été faits en Europe depuis le règne de l'Empereur Charlemagne. *Amsterdam, 1726-1739,* 13 vol. in-fol., v. f.

94 — **Durand** (Mme). Mes Souvenirs sur Napoléon, sa famille et sa cour. *Paris, 1819,* 2 vol. in-12, v.

95 — **Duras** (la Duchesse de). Edouard. *Paris, Ladvocat, 1825,* 2 vol. in-18, mar. viol., fil., tr. dor. (*Simier.*)

96 — **Ecquevilly**. (le Mis d'). Campagnes du corps sous les ordres de M. le prince de Condé. *Paris, 1818,* 3 vol. in-8°, v. *Portraits.*

97 — **Fabliaux** ou contes du XIIe et du XIIIe siècles, traduits ou extraits par Le Grand. *Paris, Onfroy, 1781,* 5 vol. in-12, mar. citr., fil. dent., tr. dor. Rel. anc.

98 — **Fabry**. Itinéraire de Buonaparte de l'île d'Elbe à l'île Sainte-Hélène. *Paris*, 1817, 2 vol. in-8°, d.-rel.

99 — **Fain** (le b^{on}). Manuscrit de l'an Trois, de 1812, 1813 et 1814. *Paris*, 1828, 6 vol. in-8°, v.

100 — **Farin**. Histoire de la ville de Rouen. *Rouen*, 1738, 6 vol. in-12, v.

101 — **Favyn** (André). Histoire de Navarre. *Paris*, 1612, in-fol., parch.

102 — **Felibien**. Histoire de l'Abbaye royale de Saint-Denis en France. *Paris*, 1706, in-fol., v. *Planches*.

103 — **Foë** (D. de). La vie et les aventures de Robinson Crusoé; texte anglais avec traduction littérale (par Mme de Montmorency Albert-Luynes). *A Dampierre*, 1797, 2 vol. in-8°, v.

104 — **Forbin** (Le Comte de). Voyage dans le Levant. *Paris, Impr. Royale*, 1819, gr. in-fol., d.-rel., mar., n. rog. *Planches*.

105 — **Fox** (James). History of the early part of the reign of James the second. *London, Miller*, 1808, in-4°, gr. papier portr., mar. viol., doublé de mar., tr. dor.

106 — **François de Sales** (Saint). Lettres. *Paris, Blaise*, 1817, 3 vol. in-8°, v. vert., fil., tr. dor.
Aux armes de la Duchesse de Berry.

107 — **Froissart**. Histoire et Chronique mémorable, revue et corrigée par Denis Sauvage. *Paris*, 1574, in-fol., d.-rel.

108 — **Gaguin** (Robert). La Mer des Hystoires et Croniques de France. *A Paris, chez Galliot du Pré,* 1517, 2 vol. in-4°, v., caract. gothiques, figures sur bois.

109 — **Galerie Française**, ou Collection de portraits des hommes et des femmes qui ont illustré la France dans les xvie, xviie et xviiie siècles. *Paris, Didot,* 1821, 3 vol. in-4°, d.-rel., mar. rouge, n. rog.

110 — **Gallerie** du Palais du Luxembourg, peinte par Rubens, dessinée par Nattier et gravée par les plus illustres graveurs. *Paris, Duchange,* 1710, gr. in-fol., mar. rouge, fil., rel. moderne. *Planches.*

Bel exemplaire non rogné.

111 — **Gallia Christiana,** in provincias ecclesiasticas distributa, opera et studio Monachorum Congregationis Sancti Mauri. *Parisiis, ex-typographia Regia,* 1716-1785, 13 vol. in-fol., v. marb.

Aux Armes Royales.

112 — **Gallo.** Secrets de la vraye agriculture et honestes plaisirs qu'on reçoit en la mesnagerie des Champs. Trad. en françois, par Fr. de Belle-Forest, Comingeois. *Paris, Chesneau,* 1571, pet. in-4°, v. marb.

113 — **GAZETTE DE FRANCE.** Inventaire des addresses du bureau de rencontre où chacun peut donner et recevoir avis de toutes les nécessitez et commoditez de la vie et société humaine, par T. Renaudot. *Paris,* 1630. — Recueil des Gazettes de l'année 1631. — Nouvelles ordinaires, 1633. — Recueil des Nouvelles ordinaires et extraordinaires jusqu'en 1761. A

partir de 1762, le titre est Gazette de France. —
Table, depuis 1631 jusqu'en 1765, 2 vol. Ens., 163
vol. in-4°, v.

Collection complète de 1630 à 1792.

114 — **Genlis** (Mme de). Mémoires sur le xviiie siècle et
la Révolution Française. *Paris*, 1825, 10 vol. in-8°, v.

115 — **Georgel** (L'Abbé). Mémoires pour servir à l'histoire des événemens de la fin du xviiie siècle, 1760-
1810. *Paris*, 1817, 6 vol. in-8°, v. *Planche.*

116 — **Gordon.** Discours historiques sur Tacite. *Amsterdam*, 1751, 3 vol. in-12, mar. rouge, tr. dor.
Rel. anc.

117 — **Goury de Champgrand.** Traité de Venerie et de
Chasses. *Paris*, 1769, in-4°, bas. *Planches.*

118 — **Grégoire de Tours.** Histoire des François, trad.
par M. de Marolles. *Paris*, 1668, 2 vol. in-8°, v. f.

119 — **Gresset.** Œuvres. *Londres*, 1765. 2 vol. in-12,
mar. rouge, fil., tr. dor. Rel. anc. (*Mouillié*).

120 — **Guer.** Mœurs et usages des Turcs. *Paris, Cous-
telier*, 1746, 2 vol. in-4°, v. fauve, tr. dor. *Fig. de
Boucher, Hallé et Duflos.*

121 — **Guibert** (le Cte de). Le Connétable de Bourbon,
tragédie en cinq actes. *Paris*, 1785, in-18, mar. rouge,
fil., tr. dorées, Rel. anc.

122 — **Guicciardin.** Description de tous les Pays-Bas.
Amsterdam, Jansson, 1625, in-fol. bas. *Planches.*

123 — **Guillon** (L'abbé). Histoire du siège de Lyon.
Paris, 1797, 2 vol. in-8°, d.-rel. v. *Planches.*

124 — **Guillon** (L'abbé). Les Martyrs de la Foi pendant la Révolution française. *Paris*, 1821, 4 vol. in-8°, rel. et br.

125 — **Hakewill**. A picturesque tour of Italy. *London, Murray*, 1820, in-4°, mar. rouge, tr. dor. *Planches.*

126 — **Hamilton** (le Cte). Œuvres. *Paris, Renouard*, 1812, 3 vol. in-8°, v. f. *Portraits et figures de Moreau.*

127 — **Henri IV**. La Chemise sanglante de Henry le Grand, *s. l.*, 1615, pet. in-8°, mar. rouge, tr. dor. Rel. anc.

128 — **Histoire** contenant les plus mémorables faits advenus l'an 1587, tant en l'armée, commandée par le duc de Guyse, qu'en celle des Huguenots. *Lyon*, 1588. — Hist. véritable de ce qui est advenu en ceste ville de Paris, en 1588. *Paris*, 1588. En un vol. pet. in-8°, v.

129 — **Histoire** de Dauphiné et des Princes qui ont porté le nom de Dauphins (par de Valbonnois). *Genève, Fabri et Barrillot*, 1722, 2 vol. in-fol., v. marb.

130 — **Histoire** du Châtelin de Coucy et de la Dame de Fayel, mise en françois par Crapelet. *Paris, Crapelet*, 1829, gr. in-8°, cart.

131 — **Histoire** du Consulat de Bonaparte, par S. M. Y. *Paris, Testu*, 1803, 3 vol. in-8°, v. tr. dor.

132 — **Histoire** du vieux et du nouveau Testament, enrichie de plus de quatre cents figures. *Anvers, P. Mortier*, 1700, 2 vol. in-fol., v. *Deuxième tirage.*

133 — **Hobbes**. Le Corps politique ou les Elemens de la
loy morale et civile. *S. l.*, 1652, in-12, front. mar.
rouge, fil., tr. dor. Rel. anc.

134 — **Hobbes**. Elementa philosophica de Cive. *Amsterdam*, 1696, in-12, mar. rouge, fil., tr. dor., rel. anc.

135 — **Hobhouse**. Histoire des cent jours, ou dernier
règne de l'Empereur Napoléon. *Paris*, 1819, in-8°, v.
f., tr. dor.

    Aux armes de la Duchesse de Berry.

136 — **Homeri** opera omnia, ex recensione et cum notis
S. Clarkii. *Glasguæ*, 1814, 5 vol. in-8°, v. bleu, tr.
dor. (*Vogel.*)

137 — **Horatii** Flacci Satyra V. *Romæ, De Romanis*, 1816,
in-fol., mar. rouge, fil., dent., tr. dor. *Planches.*

138 — **Hue**. Dernières années du règne et de la vie de
Louis XVI. *Paris*, 1816, in-8°, portr., mar. rouge., fil.,
dent., tr. dor.

    Aux armes de la Duchesse de Berry.

139 — **Humboldt** (A. de). Essai politique sur l'île de Cuba.
Paris, 1826, 2 vol. in-8°. v. *Carte.*

140 — **Imbert**. La Chronique scandaleuse ou mémoires
pour servir à l'histoire de la génération présente. *Paris*,
1791, 5 vol. in-12, d.-rel.

141 — **Jacquelin**. Le Sang des Bourbons; galerie histor.
des rois et princes de cette maison depuis Henri IV.
Paris, 1819, 2 vol. in-4°, cart., n. rog. *Portraits par
Roger.*

142 — **Jansen.** Essai sur l'origine de la gravure en bois
et en taille-douce, et sur la connaissance des estampes
des xv⁰ et xvi⁰ siècles. *Paris*, 1808, 2 vol. in-8°, cart.,
n. rog. Planches. Grand papier velin.

143 — **Jeannin** (le Président). Les Negotiations. Jouxte
la copie de Paris. (*Hollande, Elʒevier*), 1659, 2 vol.
in-12, mar. vert., fil., tr. dor. Rel. anc.

144 — **Journal** du voyage d'Espagne. *Paris, Barbin*,
1669, in-4°, v.

145 — **Koch.** Mémoires pour servir à l'histoire de la
campagne de 1814. *Paris*, 1819, 3 vol. in-8°, v.

146 — **Koch** et **Schœll.** Histoire abrégée des traités de
paix. *Paris*, 1817, 15 vol. in-8°, v. ant. (*Hering.*)

147 — **Labbey-de-Billy.** Histoire de l'Université du
comté de Bourgogne. *Paris, s. d.*, 2 vol. in-4°, v.

148 — **Lachaise.** Costumes de l'Empire turc. *Paris,*
1821, in-4°, d.-rel. *61 planches coloriées.*

149 — **La Chambre** (De). Les Charactères des Passions.
Amsterdam, Ant. Michel (*Elʒevier*), 1658, 4 tomes en
2 vol. in-12, mar. rouge, tr. dor. *Rel. anc.*

150 — **La Chenaye-Desbois.** Dictionnaire historique
des mœurs, usages et coutumes des François. *Paris*,
1767, 3 vol. in-12, mar. vert, fil., tr. dor. Rel. anc.

151 — **Lafaille.** Annales de la ville de Toulouse. *Toulouse*, 1687, 2 vol. in-fol., v.

152 — **Lafitau.** Histoire des découvertes et conquestes

des Portugais dans le Nouveau-Monde. *Paris*, 1733,
2 vol. in-4°, v. *Pl.*

153 — **La Fontaine.** Contes et nouvelles en vers. *S. l.*,
1777, 2 tomes en 1 vol. in-8°, v. f. *Figures d'Eisen.*

154 — **La Fontaine.** Œuvres complètes. *Paris, Dupont*,
1826, 6 vol. in-8°, v. viol.

155 — **Laguille.** Histoire de la province d'Alsace. *Strasbourg*, 1727, 4 tomes en 8 vol. in-12, v. f.

156 — **Lairesse** (Gérard de). Le Grand livre des Pein-
tres. *Paris*, 1787, 2 vol. in-4°, v. *Planches.*

157 — **La Mesnardière** (J. de). La Poëtique. *Paris, de
Sommaville*, 1640, in-4°, v.

158 — **La Mure** (J.-M. de). Histoire universelle, civile
et ecclesiastique du pays de Forez. *Lyon*, 1674,
in-4°, v.

159 — **Laplace.** Traité de mécanique céleste. *Paris*,
1799, 4 vol. in-4°, v. f.

160 — **Laplace.** Exposition du système du monde. *Paris*, 1813, in-4°, papier vélin, mar. rouge, fil. dent.,
tr. dor. Port.

    Aux armes du Prince de Talleyrand.

161 — **La Roque** (De). Traité de la Noblesse, du ban
et arrière-ban. *Paris*, 1761, in-4°, v.

162 — **Laugier.** Histoire des négociations pour la paix
conclue à Belgrade en 1739. *Paris*, 1768, 2 vol in-12,
mar. rouge, fil., tr. dor. Rel. anc.

    Aux armes du Duc de Choiseul.

163 — **Le Blanc**. Traité historique des Monnoies de France. Dissert. sur quelques monnaies de Charlemagne. *Paris*, 1689, 2 vol. in-4°, v. *Planches*.

164 — **Le Carpentier**. Histoire généalogique des Païs-Bas ou histoire de Cambray et du Cambresis. *Leide*, 1664, 3 vol. in-4°, v. br. *Planches*.

165 — **Leclerc**. Idylles et Contes champêtres. *Paris*, *Jansen*, 1798, 2 vol. in-8°, cart., n. rog. *Figures de Monnet*.

166 — **Le Fevre**. Discours sommaire de la Navigation et du Commerce. *Rouen*, 1650, in-4°, v.

 Aux armes du Duc de Montausier.

167 — **Le Grand**. Théâtre. *Paris*, 1742, 4 vol. in-12, mar. rouge, fil., tr. dor. Rel. anc.

168 — **Lelong**. Bibliothèque historique de la France. Nouv. édit., par Fevret de Fontette. *Paris*, 1768, 5 vol. in-fol., v. marb., armoiries.

169 — **Lemaire**. Lettres bougrement patriotiques du véritable Père Duchêne. *Paris*, 1790-1792, n° 1 à 400 en 8 vol. in-8°, bas.

170 — **Le Moine**. Histoire des antiquités de la ville de Soissons. *Paris*, 1771, in-12, mar. rouge, fil., tr. dor. Rel. anc.

 Aux armes du Cardinal de Loménie de Brienne.

171 — **Lenain de Tillemont**. Mémoires pour servir à l'histoire ecclésiastique des six premiers siècles. *Paris*, 1701, 16 vol. in-4°, v.

172 — **Le Sage**. Histoire de Gil Blas de Santillane. *Paris, P. Didot*, 1819, 3 vol. in-8º, mar. bleu, tr. dor. (*Dohl.*) *Figures sur Chine de Smirke.*

173 — **Le Sage**. Histoire de Gil Blas de Santillane. *Paris, Lefèvre*, 1825, 3 vol. in-8º, v. fauve, tr. dor. (*Vogel.*) *Fig. de Devéria.*

174 — **L'Estoile** (P. de). Journal des règnes de Henri III et Henri IV, Roys de France. *La Haye*, 1744, 9 vol. pet. in-8º, v.

175 — **Lucien**. De la traduction de Perrot d'Ablancourt. *Amsterdam, P. Mortier*, 1709, 2 vol. in-12, fig., mar. rouge, fil., dent., tr. dor. (*Bradel-Derome.*)

176 — **Luzac**. Essai sur la liberté de produire ses sentimens. *S. l.*, 1749, in-12, mar. vert., tr. dor. Rel. anc.

177 — **Macé**. Histoire des quatre Cicérons. *Paris*, 1714, in-12, mar. rouge, fil. tr. dor.

178 — **Mac-Mahon** (le Mⁱˢ de). La Saint-Hubert ou quinze jours d'automne dans un vieux château de Bourgogne. *Paris*, 1842, in-8º, d.-rel. chag. *Fig. Envoi d'auteur.*

179 — **Malcolm**. Histoire de la Perse. *Paris, Pillet*, 1821, 4 vol. in-8º, v. vert, fil., tr. dor. *Fig.*
Aux armes de la Duchesse de Berry.

180 — **Marguerite de Navarre**. Contes et nouvelles. *Londres*, 1784, 4 tomes en 2 vol. in-8º, v. marb. *Figures par Freudenberg.*

181 — **Mariana**. Historia de rebus Hispaniæ *Moguntiæ*, 1605, in-4°, mar. rouge, tr. dor. Rel. anc.

> Au chiffre de Peiresc.

182 — **Marot** (Clément). Œuvres, avec les ouvrages de Jean et de Michel Marot. *La Haye, Gosse*, 1731, 4 vol. in-4°, v. *Port.*

183 — **Marteau de S. Gatien** (Le R. P. Martin). Le Paradis délicieux de la Touraine, qui comprend ses raretez admirables, particulièrement les Archevesques de Tours. *Paris, Du Pont*, 1660, in-4°, parch.

184 — **Maxime de Tir**. Discours philosophiques, trad. par Formey. *Leide*, 1764, in-12, mar. rouge, tr. dor. *Rel. anc.*

185 — **MAZARINADES**. 1649-1652. Recueil d'environ 2,500 pièces en 61 vol. in-4°, v. et parch. *Portraits par Moncornet.*

> Quelques volumes aux armes de Condé.

186 — **Mémoires** (Les) de feu M. le Duc de Guise. *Cologne, P. De La Place (Elzevier)*, 1668, 2 parties en 1 vol. in-12, mar. rouge, fil., tr. dor. Rel. anc.

187 — **Mémoires** de la Ligue, cont. les événements les plus remarquables depuis 1576 jusqu'en 1598, par Simon Goulart et l'abbé Goujet. *Amsterdam*, 1758, 6 vol. in-4°, d.-rel.

188 — **Mémoires** secrets sur la vie privée, politique et littéraire de Lucien Bonaparte. *Londres*, 1818, 2 vol. in-8°, br. *Portr.*

189 — **Mémoires** tirés des papiers d'un Homme d'État, sur les causes secrètes qui ont déterminé la politique des cabinets dans les guerres de la Révolution. *Paris*, 1831, 13 vol. in-8°, d.-rel.

190 — **Menestrier.** Nouvelle méthode raisonnée du Blason. *Lyon*, 1780, in-8°, v. *Fig.*

191 — **Mercure François** (Le). Contenant les choses plus memorables advenues en Europe depuis 1598 jusques en 1644. *Paris*, 1612-1648, 25 tomes en 31 vol., petit in-8°, v.

192 — **Meursius.** Illustris Academia Lugd.-Batava : id est Virorum clarissimorum icones, elogia ac vitœ. *Lugd.-Batav.*, 1613, in-4°, parch. *35 portraits.*

193 — **Molière.** Œuvres. *Paris, Desoer*, 1819, 9 vol. in-8°, v. vert. (*Hering.*) *Fig. de H. Vernet.*

194 — **Monnier** (H.). Album in-4°, cart., contenant 21 planches diverses coloriées.

    Vues de Paris, 3 pl. — Esquisses parisiennes, 7 pl. — Passe-Temps, 3 pl.

195 — **Monnier** (H.). Recueil de lithographies diverses en 1 vol. in-4°, obl., cart., 67 planches en noir.

196 — **Monstrelet.** Chroniques de 1400 à 1467. *Paris, P. L'Huillier*, 1572, 2 vol. in-fol., v. f.

197 — **Montaigne.** Essais. *Paris, Le Fèvre*, 1823, 5 vol. in-8°, v. ant. (*Vogel.*)

198 — **Montesquieu.** Œuvres. *Amsterdam, Arkstée*, 1758, 3 vol. in-4°, mar. rouge, tr. dor. Rel. anc.

199 — **Montesquieu**. Œuvres. *Paris, Dalibon,* 1822,
8 vol. gr. in-8º, portrait, mar. violet, fil. tr. dor.
(*Thouvenin.*)

> Grand papier vélin.

200 — **Montjoye**. Histoire de Marie-Antoinette de Lorraine, reine de France. *Paris,* 1816, 2 vol. in-8º,
cart. *Port. et fig.*

> Aux armes de la Duchesse de Berry.

201 — **Montucla**. Histoire des mathématiques. *Paris,*
1799, 4 vol. in-4º, d. rel. *Planches.*

202 — **Morice** (Dom) et Taillandier. Histoire ecclésiastique et civile de Bretagne. *Paris,* 1742-1756, 5 vol.
in-fol., v. marb. *Planches.*

203 — **Motteville** (Mme de). Mémoires pour servir à
l'histoire d'Anne d'Autriche, *Amsterdam,* 1750,
6 vol. in-12, mar. rouge, fil., tr. dor. Rel. anc.

204 — **Munier et Thiroux**. Recherches et mémoires
servant à l'histoire de l'ancienne ville et cité d'Autun.
Dijon, 1660, in-4º, v.

205 — **Naudé** (G.). Jugement de tout ce qui a esté imprimé contre le cardinal Mazarin depuis le 6 janvier
jusques à la déclaration du 1er avril 1649, in-4º, cart.

206 — **Nettement**. Mémoires historiques de Madame,
Duchesse de Berry. *Paris,* 1837, 3 vol. in-8º, cart.

207 — **Niebuhr**. Description de l'Arabie. *Copenhague*
1773, in-4º, v. *Planches.*

> Au chiffre de la duchesse de Berry.

208 — **Noël.** Souvenirs pittoresques de la Touraine. *Paris,*
1824, in-4º, cart., n. rog. *Planches.*

209 — **Nostradamus** (Michel). Les vrayes centuries et
propheties. *Amsterdam, Jansson à Waesberje (Elze-*
vier), 1658, in-12, mar. rouge, fil., dent., tr. dor.,
titre gravé. (*Bozerian.*)

210 — **Nouveau Testament** en françois avec des réfle-
xions morales (par le P. Quesnel). *Amsterdam*, 1736,
8 vol. in-12, mar. rouge, fil., tr. dor. *Rel. anc.*

211 — **Odolant Desnos.** Mémoires historiques sur la ville
d'Alençon. *Alençon*, 1787, 2 vol. in-8º, mar. rouge,
tr. dor. *Planches.*

212 — **O'Méara.** Relation des événements arrivés à
Sainte-Hélène. *Paris,* 1819. — Documents pour servir
à l'histoire de la Captivité de Napoléon Bonaparte à
Sainte-Hélène. *Paris,* 1821. *Figures en couleurs.* Ensemble 2 vol. in-8º, v.

213 — **Ordonnances** des Roys de France de la troisième
race, recueillies par ordre chronologique par de Lau-
rière, de Vilevault, de Bréquigny, etc. *Paris, Impr.*
Roy., 1723-1782, 13 vol. — Table, 1 vol. Ensemble,
14 vol. in-fol., v. marbr.

214 — **Ossat** (le Cardinal d'). Lettres avec des notes par
Amelot de La Houssaye. *Amsterdam*, 1732, 5 vol.
in-12, mar. vert, fil., tr. dor., rel. anc.
    Aux armes de Madame Adélaïde de France, fille de
    Louis XV.

215 — **Pallet.** Nouvelle histoire du Berry. *Bourges,*
1783, 5 vol. in-8º, d.-rel.

216 — **Papillon**. Traité historique et pratique de la gravure en bois. *Paris*, 1766, 2 vol. in-8°, v. *Planches.*

217 — **Papon**. Histoire générale de Provence. *Paris*, 1777, 4 vol. in-4°, v. *Planches.*

218 — **Passerius**. Picturæ Etruscorum in vasculis nunc primum in unum collectæ. *Romæ*. 1767, 3 vol. in-fol. parch. *Planches coloriées.*

219 — **Périgueux**. Mémoire sur la Constitution politique de la ville de Périgueux. *Paris*, 1775, in-4°. v. *Plan.*

220 — **Perrot**. Collection historique des ordres de chevalerie civils et militaires. *Paris*, 1820, in-4°, d.-rel. *Planches coloriées.*

221 — **Perse**. Satires, trad. en français, par Sélis. *Paris, Fournier*, 1776, in-8°, papier de Hollande, mar. rouge, fil., tr. dor. Rel. anc.

Aux armes du Duc de Villequier.

222 — **Peyran**. Histoire de l'ancienne principauté de Sedan. *Paris*, 1826, 2 vol. in-8°, v. vert.

Au chiffre de la Duchesse de Berry.

223 — **Pfeffel**. Abrégé chronologique de l'Histoire et et du Droit public d'Allemagne. *Mannheim*, 1758, 2 vol. in-4°, grand papier, maroq. rouge, fil., larges dent, tr. dor. *Reliure ancienne.*

224 — **Philostrate**. Les images ou tableaux de platte peinture, mis en françois, par Blaise de Vigenere. *Paris*, 1615, in-fol., d.-rel. mar. *Figures.*

225 — **Pièces** diverses relatives aux opérations militaires et politiques du général Bonaparte. *Paris*, 1800,
2 vol. in-8°, v.

226 — **Pierre des Vallées Sernay.** Histoire de la Ligue
Saincte, faicte il y a 380 ans, à la conduite de Simon
de Montfort, contre les heretiques 'Albigeois. *Paris*,
Chaudière, 1585, in-8°, v.

227 — **Pitture** Parmensi indicate agli amatori delle
Belle arti. *Parma Bodoni*, 1809, in-4°, d.-rel., mar.
rouge. *Planches.*

228 — **Plancher** (Dom). Histoire générale et particulière de Bourgogne. *Dijon, De Fay*, 1739, 4 vol. in-
fol., v. marb. *Planches.*

229 — **Platon.** Œuvres, trad. par Dacier. *Amsterdam*,
Rey, 1770, 6 vol. in-12, mar. rouge, fil. dent., tr.
dor. *Rel. anc.*

230 — **Poètes françois** (Les), depuis le xII[e] siècle jusqu'à Malherbe. *Paris, Crapelet*, 1824, 6 vol. in-8°,
veau bleu, fil., tr. dor. (*Bibolet.*)

Grand papier vélin.

231 — **Portraits** (Collection de). Gravés par Desrochers,
318 p. en 5 vol. in-4°, d.-rel.

232 — **Portraits** de tous les souverains de l'Europe et
des hommes illustres modernes par Mme Meyer. *Paris*,
1820, 2 vol. in-4°, mar. noir, fil., dent., tr. dor.
100 portraits.

233 — **Portraits** de Blücher, de Schwarzenberg, C de
Langeron, Sacken, duc de Saxe, Charles-Louis archi-

duc d'Autriche, duc d'Anhalt, Berthier prince de Wagram, Kellermann duc de Valmy, Kleist, Cte de Compans, Cte de Molitor, dessinés par Melle de Noireterre, gravés par Velyn. In-4°, d.- rel. *12 portr.*

234 — **Précis** des rapports de l'Agence du Clergé de France, de 1660 à 1780. *Paris*, 1786, in-fol., **mar.** rouge, tr. dor. Rel. anc.

235 — **Prévost**. Histoire de Cicéron. *Paris*, 1749, 4 vol. in-12, mar. rouge, dent., tr. dor. Rel. anc.

236 — **Procès-verbal** de la séance publique de la Société des sciences et arts du dép^t de la Loire-Inférieure du 5 mai 1808. *Nantes*, 1808, in-8°, mar. vert, dent., tr. dor.

    Aux armes de l'Empereur Napoléon Ier.

237 — **Prudhomme**. Dictionnaire des individus envoyés à la mort judiciairement et révolutionnairement pendant la Révolution. *Paris*, 1796, 2 vol. in-8°, v. *Fig.*

238 — **Prudhomme**. Histoire générale et impartiale des erreurs, des fautes et des crimes commis pendant la Révolution Française. *Paris*, 1797, 4 vol. in-8^r, v. *Fig.*

239 — **Puissance** des Roys et droict de succession aux Royaumes contre l'usurpation du tiltre et qualité de Roy de France faicte par le Roy de Navarre. *Paris*, 1589. — Responce aux principaux articles et chapitres de l'Apologie du Belloy... 1588. En un vol. in-8°, mar. rouge, fil., comp., tr. dor., rel. anc.

240 — **Quatremère de Quincy**. Le Jupiter Olympien, ou l'art de la sculpture antique, et l'histoire de la

statuaire en or et en ivoire chez les Grecs et les Romains. *Paris, Didot*, 1814, in-fol., cart., n. rog. *Planches coloriées.*

241 — **Quatremère de Quincy**. Monuments et ouvrages d'art antiques restitués. *Paris, Renouard*, 1829, 2 vol. gr. in-4°, d.- rel. *Planches.*

242 — **Quatremère de Quincy**. Histoire de la vie et des ouvrages des plus célèbres architectes. *Paris*, 1830, 2 vol. — Recueil de notices historiques, 1834. — Histoire de Michel-Ange, 1835. — Histoire de Raphaël, 1835. Ensemble 5 vol. in-8°, d.-rel. et cart. *Fig.*

243 — **Rabelais**. Œuvres (avec les notes de Le Duchat). *S. l.*, 1732, 6 vol. pet. in-8°, v. f. *Grand papier.*

244 — **Rabelais**. Œuvres, édition variorum publiée par Esmangart et Johanneau. *Paris, Dalibon*, 1823, 9 vol. in-8°, v. ant., tr. dor. (*Vogel.*) *Figures de Devéria.*

245 — **Rabelais**. Œuvres, édition variorum publiée par Esmangart et Johanneau. *Paris, Dalibon*, 1823, 9 vol. in-8°, v. f., tr. dor. (*Bibolet.*) *Figures de Devéria.*

246 — **Racine** (J.). Œuvres complètes. *Paris, Deterville*, 1796, 4 vol. gr. in-8°, d. rel. mar. r., rog.
Papier vélin avec les figures de Le Barbier avant la lettre.

247 — **Racine** (J). Œuvres complètes. *Paris, Lefèvre*, 1820, 6 vol. in-8°, v. bleu, tr. dor. (*Simier.*) *Fig. de Desenne.*

248 — **Racine** (J.). Œuvres complètes. *Paris, Lefèvre*, 1825, 7 vol. in-8°, v. vert. *Portr.*

249 — **Ramelli.** Le diverse et artificiose machine. *Parigi,*
1588, in-fol. parch. *Planches.*

250 — **Raynouard.** Choix des poésies originales des
Troubadours. *Paris, Didot,* 1816, 6 vol. in 8°., d. rel.,
v. f.

251 — **Recueil** de chansons. 2 vol, in-4°, v.
Manuscrit du milieu du xviiiᵉ siècle.

252 — **Recueil** de divers voyages faits en Afrique et en
l'Amérique qui n'ont point esté encore publiez. *Paris,*
Billaine, 1674, in-4°, parch. *Pl.*

253 — **Recueil** de] pièces de poésie détachées à l'usage
de quelques amis habitant la campagne. Imprimé
par Mᵐᵉ de Montmorency Albert-Luynes. *Dampierre,*
1800, in-8°, br.

254 — **Recueil de portraits** des personnes qui se sont
distinguées tant dans les Armes que dans les Belles-
Lettres et les Arts, gravez par Desrochers. *Paris,*
vers 1730, 2 vol. in-4°, v. marb. *450 portraits.*

255 — **RECUEIL DES CHOSES PLUS REMAR-
QUABLES** advenües au Royaume de France, depuis l'an 1557 jusques à l'an 1593, 63 vol. in-8°,
parch.

> Réunion des plus importantes pour l'histoire de France
> au xviᵉ siècle ; elle se compose d'environ 900 pièces en par-
> tie très rares et très curieuses pour l'histoire de Paris et
> des villes de France. Elle renferme quantité de pièces rela-
> tives à la religion réformée.
>
> Ce recueil formé au commencement du xviiᵉ siècle est
> dans toute son intégrité. Au commencement de chaque

volume est une table de son contenu, et en plus une table générale manuscrite du xvii° siècle.

Nous citons quelques pièces, qui nous ont paru les plus intéressantes :

Le Sacre et couronnement du Roy Henry, deuxième de ce nom. *Paris, R. Estienne*, 1562. — L'Ordre et les Cérémonies du Sacre et couronnement du Roy de France, 1575. — Le Sacre et couronnement du Roy de France. *Rheims*, 1575. — Discours du Sacre et couronnement du Roy de France. *Rheims*, 1578. — Le Thresor des histoires de France, par Gilles Corrozet, 1583. — Histoire des troubles et guerres civiles advenues de nostre temps, par le Frere de Laval, 1583. — Reception faicte par les députez du Roy d'Espagne, de la Royne... à la délivrance qui leur en a esté faicte en l'abbaye de Roncevaux, au païs de Navarrois, 1557. — La harangue faicte par M. le Chancelier de France estans les estatz convoqués en la ville de Orleans, 1560. — Ordonnance du Roy, par laquelle il est deffendu à tous ceulx de la religion qu'on dict reformee de besongner de leurs mestiers et arts à huis ouverts les jours des festes... 1563. — Edict du Roy pour l'usage des draps de soye, 1563. — Recueil des choses memorables faites et passées pour le fait de la Religion. *Strasbourg*, 1566. — La guerre Cardinale de l'administrateur du temporel de l'Evesché de Mets, 1565. — Articles respondus par le Roy sur la requête présentée par plusieurs habitans de la ville de Bordeaux sur le faict de la religion qu'on dict Reformee, 1565. — Recueil des choses notables qui ont esté faictes à Bayonne à l'entrevue du Roy Charles IX et la Roine sa tres honoree mère, 1566. — Ordre et police que le Roy entend

estre observé en sa ville de Paris, 1567. — Discours
des choses qui se sont passées en la reception de la
Royne et mariage du Roy, 1570. — Discours de la
bataille donnée entre Chasteauneuf et Jarnac, 1569.
Discours sur la mort de Gaspart de Coligny, 1572.
— Pièces sur la Saint-Barthélemy. — Pièces sur la
mort et les funérailles du duc de Guyse, 1563. — La
Marmite renversée, par Th. Beauxamis. — La Légende de Charles, cardinal de Lorraine, par Fr. de
L'Isle. *Reims*, 1586. — Légende de domp Claude de
Guyse, abbé de Cluny, 1581. — L'arrivée du Roy en
France et la réception de Sa Majesté, 1574. — Le
vray resveille-matin des Calvinistes, par A. Sorbin,
1576. — La temeraire entreprise du prince de Bearn
sur la ville de Paris, 1589. — Les cruautez commises
contre les Catholiques de la ville de Vendosme, 1589.
Discours du siège de Dreux, 1590. — Discours de la
victoire obtenue par le Roy en la bataille donnée près
le village d'Evry, 1590. — Pièces sur le Siège de
Paris, 1590. — La desconfiture des Huguenots contre
le chasteau de Dampmartin, 1590. — La fuite et
defaicte du sieur de Lansac, près la ville de Mayenne.
Tours, 1590. — Discours de l'entreprise faicte par
les hereticques sur la ville de Troye, 1590. — Discours du siège et de la prise de la ville de Noyon,
1591. — Sommaire de ce qui s'est passé au siège de
la ville de Noyon, 1591. — Discours de ce qui s'est
passé au siège de Rouen, 1592. — Defaite des Huguenots Albigeois devant la ville de Lautrech, 1592. —
Defaite des Huguenots, au pays de Champagne, 1592.
— Escript de levesque de Sainct Brieu, *Dinan*, 1593.
— Discours de la victoire qu'a obtenue le Viconte
d'Aubeterre, à Cornil en Lymousin, 1593. — La

defaite de l'armée des Princes de Conty et de Dombes devant la ville de Craon en Anjou, 1592. — Recueil des choses mémorables advenues sous la Ligue, 1589. — Le Boutefeu des Calvinistes, 1584. — Les feux de joye de Lyon, Orléans et Bourges, 1594. — La Satyre Menippee, 1593. — Réduction de la ville de Mascon, 1594. — La deffaicte des reistres dedans Aulneau, 1587. — Oraison funèbre de Marie Royne d'Escosse, 1588. — Apologie de la tres-juste exécution de Marie Steuard, 1588. — La prise de la ville d'Aubenas, 1587. — Discours du siège mis devant la ville de Montbard en Bourgogne. — Deffaite nouvelle des Suisses à Angerville, 1587. — Prise des armes pour la juste defence des villes de Sedan et Jametz. *Verdun*, 1588. — Defaite obtenue aux Fauxbourgs de Tours sur les trouppes de Henry de Valois, 1589. — Exploits faicts à Sainct Ouyn près la ville de Tours par le duc de Mayenne, 1589. — Reddition et prinse de la ville d'Alençon, 1589. — La prise de la ville de Gournay en Normandie, 1589. — La prinse de la ville d'Eu, 1589. — La prise de la ville de Ponte-Audemer, 1589. — La reprinse novvelle de Chasteau-Landon, 1589. — La prise de la ville de La Fere en Picardie, 1589. — La résistance des habitants de la ville de Meaux, 1589. — Advertissement de tout ce qui s'est passé dans la ville de Tholose, 1589. — Prise de la ville d'Issoire, 1589. — Deffaicte du vicomte de Thuraine à Chasteauneuf en Berry, 1589. — La délivrance admirable de la ville de Rennes, 1589. — La prise de la ville de Sancerre. — Cruaultez de l'armée du Roy de Navarre au Poictou, 1588. — Prise des ville et chasteau de Mauléon, 1588. — Discours du siège mis devant Sarlat, 1588, etc., etc.

256 — **Recueil** des Historiens des Gaules et de la France
(par Dom Bouquet, Brial, etc.). *Paris*, 1738-1813,
16 vol. in-fol., v. marb.

257 — **Recueil** des ordonnances et pièces officielles publiées sous l'administration du Prince de Talleyrand
du 25 juin au 23 sept. 1815. In-4°, mar. rouge, fil.
dent., tr. dor., tabis.

258 — **Règlemens** généraux pour l'abbaye de N. D. de
La Trappe, par le R. P. Dom Armand Jean Bou-
thillier de Rancé. *Paris, Muguet*, 1701, 2 vol. in-12,
mar. rouge, fil., tr. dor. *Rel. anc., avec armoiries.*

259 — **Règles** de la compagnie de Jésus. *Paris, J. Fouët*,
1620, in-12, mar. bleu, fil., tr. dor. Rel. anc.

260 — **Regnard.** Œuvres. *Paris, Maradan*, 1790, 4 vol.
in-8°, d.-rel., n. rog. *Portrait.*

261 — **Relations** de la vie du Révérend Jonathan Swift.
Traduction interlinéaire par Mme Montmorency,
Albert-Luynes. *Imprimé au Château de Dampierre*,
1800, in-4°, v.

262 — **Relations** véritables et curieuses de l'Isle de Ma-
dagascar et du Brésil (par Fr. Cauche de Rouen,
Roulox Baro, César Lambert, etc.) *Paris*, 1651, in-4°,
v. *Pl.*

263 — **Retz** (le Cardinal de). Guy-Joli et la D^esse de Ne-
mours. Mémoires. *Paris, Ledoux*, 1820, 6 vol. in-8°,
v. viol. (*Hering.*)

264 — **RÉVOLUTION FRANÇAISE.** Recueil d'en-

viron 5ooo pièces publiées de 1787 à 1791 en 1o5 vol.
in-8° et in-4° cart.

265 — **Ripa** (César). Iconologie ou nouvelle explication
de plusieurs images, emblèmes... moralisées par
J. Baudouin. *Paris*, 1677, in-4°, v. *Fig*.

266 — **Rohan** (le duc de). Discours politiques. *S. l.
(Hollande, Elsevier)*, 1646, in-12, mar. rouge, fil.,
tr. dor. Rel. anc.

267 — **Ross** (J.). Narrative of a second voyage in search
of North-West passage. *London*, 1835, in-4°, cart.
Planches coloriées.

268 — **Roulliard** (Séb.). Melun, ou histoire de la ville
de Melun. *Paris*, 1627, in-4°, v. (*Déchirure au titre.*)

269 — **Rousseau** (J.-J.). Œuvres complètes. *Paris,
Dupont*, 1823, 25 vol. in-8°, v. vert.

270 — **Rousseau** (J.-J.). Œuvres complètes, *Paris,
Dalibon*, 1825, 3o vol. in-8°, d. rel. v. rose, n. rog.
Papier vélin avec les figures de Devéria sur Chine.

271 — **Rousseau** (J.-J.). Œuvres complètes. *Paris,
Verdière*, 1826, in-8°, v. viol., tr. dor.

272 — **Roussel.** Le Château des Tuileries, ou récit de ce
qui s'est passé dans l'intérieur de ce palais jusqu'au
18 Brumaire de l'an VIII. *Paris*, 1802, 2 vol. in-8°,
v. *Fig*.

273 — **Roussin** (A.). Album de l'île de la Réunion.
Recueil de dessins avec texte descriptif. *Saint-Denis
(de la Réunion)*, 1860, 2 vol in-4°, d.-rel. *Planches
noires et coloriées.*

274 — **Rymer**. Fœdera, conventiones, literæ et acta pu-
publica inter reges Angliæ et alios Reges, Pontifices,
principes, etc. a sœculo duodecimo ad nostra tem-
pora. *Hagæ Comitis*, 1739, 10 vol., in-fol. v. marb.

275 — **Sacre** de Louis XV (Le), Roy de France, dans
l'Eglise de Reims, le 25 octobre 1722, par Danchet.
Gr. in-fol. v. marb. *Planches et ornements par Ede-
linck, Chereau, Drevet, Tardieu, Cochin, etc.*

276 — **Sacre** et couronnement de Louis XVI, Roi de
France, à Rheims; précédé de recherches sur le Sacre
des Rois (par Pichon et Gobet). Enrichi d'un très
grand nombre de figures en taille-douce gravées par
le sieur Patas. *Paris, Vente*, 1775, in-4°, mar. rouge,
fil., tr. dor. rel. anc.

    Aux armes du Roi Louis XVI.

277 — **Saint-Allais**. Précis historique sur les comtes
de Périgord et les branches qui en descendent. *Paris*,
1836, in-4°, cart.

    Aux armes de Talleyrand-Périgord.

278 — **Saint-Basile**. Homélies et lettres choisies. *Paris*,
1788, in-8°, mar. rouge, fil. dent., tr. dor. *(Bradel.*

    Aux armes de la Duchesse de Berry.

279 — **Sainte Bible** (La) traduite en françois sur la
Vulgate. *Liège, Bronckart*, 1700, 3 vol. in-4°, mar.
rouge, fil., tr. dor. Rel. anc.

    Grand papier.

280 — **Saint-Lambert**. Les Saisons, poème. *Amsterdam*, 1775, gr. in-8°, v. marb., tr. dor. *Figures et
vignettes de Moreau et Choffard.*

281 — **Saint-Simon** (Le Duc de). Mémoires complets et authentiques. *Paris, Sautelet,* 1829, 20 vol. in-8°, d.-rel.

282 — **Scheuchzer**. Physique sacrée ou histoire naturelle de la Bible, enrichie de gravures en taille-douce gravées par Pfeffel. *Amsterdam,* 1732, 4 vol. in-fol., v. f. *Planches.*

283 — **Science** hiéroglyphique, ou explication des figures symboliques des Anciens. *La Haye, J. Swart,* 1746, pet. in-4°, v. *Planches.*

284 — **Schoonebeek**. Histoire de tous les ordres militaires ou de chevalerie. *Amsterdam,* 1699, 2 vol. in-12, v. *Fig.*

285 — **Seroux d'Agincourt**. Histoire de l'Art par les monumens depuis le ${\rm iv}^{\rm e}$ jusqu'au ${\rm xvi}^{\rm e}$ siècle. *Paris,* 1823, 6 vol. in-fol., d.-rel., mar. bleu, n. rog. *Planches.*

286 — **Sévigné** (M${}^{\rm me}$ de). Lettres. *Paris, Dalibon,* 1823, 12 vol. in-8°, v. f. (*Vogel.*) *Portraits.*

287 — **Seyssel** (Claude de), evesque de Marseille. La grand monarchie de France. La loy salicque. *Paris, Galiot du Pré,* 1541, pet. in-8°, v. m. *Figures sur bois.*

288 — **Shaftsbury** (Le C${}^{\rm te}$ de). Œuvres, trad. de l'anglais. *Genève,* 1769, 3 vol. in-8°, mar. rouge, fil., tr. dor. Rel. anc.

289 — **Shakespeare**. Œuvres complètes, trad. par Letourneur. Nouv. édit. revue par Guizot. *Paris,* 1821, 13 vol. in-8°, v. f.

290 — **Solini** (Julii). Polyhistor. *Aurelianœ*, 1605, in-8°,
mar. rouge, fil. dent., tr. dor. Rel. anc.

291 — **Soupirs** (Les) de la France Esclave qui aspire
après sa liberté. *Amsterdam*, 1690, pet. in-4°, mar.
rouge, tr. dor. Rel. anc.

292 — **Straparole**. Les facecieuses nuicts. *S. l.*, 1726,
2 vol. in-12, v. viol , tr. dor. (*Thouvenin.*)

293 — **Stroobant**. Le Rhin monumental et pittoresque,
avec texte descriptif, par Hymans. *Bruxelles, Mu-
quardt*, in-fol., chag. *Planches lithographiées en
couleur.*

294 — **Sully**. Mémoires des sages et royales œconomies
d'Estat, domestiques, politiques et militaires, de
Henry-le-Grand. *Amsterdam*, s. d. (1638), 2 vol. in-
fol., v. f., tr. dor.

> Première édition des Mémoires de Sully imprimée au
> château de Sully.

295 — **Tableau** de la guerre de la Pragmatique Sanc-
tion en Allemagne et en Italie, par Powerer. *Berne*,
1784, 2 vol. in-8°, mar. rouge, fil., tr. dor. Rel. anc.

296 — **Tableaux** historiques des campagnes de Napoléon Ier en Italie, Egypte et Allemagne. *Paris, Auber*,
1806, in-fol., cart. *Planches d'après les dessins de
Carle Vernet.*

297 — **Talleyrand** (Le Prince de). Mémoires publiés avec
des notes par le duc de Broglie. *Paris, C. Lévy*, 1891,
5 vol. in-8°, d.-rel., mar. lavall., coins, têtes dorées,
n. rog. *Portr.*

> Un des 20 exemplaires numérotés sur papier Whatman.

298 — **Talleyrand** (Le Prince de). Correspondance iné-
dite avec le Roi Louis XVIII, pendant le congrès de
Vienne. *Paris, Plon,* 1881, in-8°, d.-rel., mar. br.,
coins, tête dorée, n. rog. Papier Whatman.

299 — **Talleyrand** (Le Prince de). Correspondance diplomatique. Mission à Londres en 1792. — Ministère
sous le Directoire. — Lettres inédites à Napoléon. —
Ambassade à Londres. 1830, *Paris, Plon,* 1891, 4 vol.
in-8°, d.-rel., mar. br., coins, tête dorée, n. rog.
Portr.

300 — **Thaumas de La Thaumassiére**. Histoire de
Berry. *Bourges, Toubeau,* 1689, in-fol. v.

301 — **Théâtre** des Boulevards (par Collé, Fagan, etc).
Mahon (Paris), 1756, 3 vol. in-12, cart. *Fig.*

302 — **Théodore de Blois** (le Père). Histoire de Roche-
fort. *Paris,* 1757, in-4°, bas.

303 — **Thiers**. Histoire de la Révolution Française.
Paris, Furne, 1839, 10 vol. in-8°, d.-rel. chag., n.
rog. *Fig.*

304 — **Thou.** (J.-A. de). Abrégé de l'Histoire universelle
avec des remarques, par Rémond de Sainte Albine.
La Haye, 1759, 11 vol. in-12, mar. rouge, fil., tr.
dor. Rel. anc.

305 — **Tobiésen Duby**. Recueil général des pièces obsi-
dionales et de nécessité. *Paris,* 1786, in-4°, v. *Planches.*
Aux Armes royales.

3o6 — **Tobiésen Duby.** Traité des monnoies des Barons de France. *Paris, Impr. Roy*, 1790, 2 vol. in-4°, v. *Planches*.

> Aux Armes royales.

3o7 — **Torcy.** Mémoires de M. de *** (Torcy) pour servir à l'histoire des négociations depuis le traité de Riswick jusqu'à la paix d'Utrecht. *La Haye*, 1756, 3 vol. in-12, mar. citron, fil., tr. dor. Rel. anc.

3o8 — **Toussaint Du Plessis.** Histoire de l'Eglise de Meaux. *Paris*, 1731, 2 vol. in-4°, v.

3o9 — **Trésor** de numismatique et de glyptique, ou Recueil général de monnaies, médailles, pierres gravées, bas-reliefs, tant anciens que modernes. *Paris*, 1840, 15 vol. in-fol. cart., n. rog. *Planches*.

3io — **Turner.** A picturesque delineation of the southern coast of England. *London, Murray*, 1814. — Source of the Thames, by Owen. *London*, 1814, 2 vol. in-4°, d.-rel., mar. *Fig*.

3ii — **Vaissete** (Dom) et Dom de Vic. Histoire générale de Languedoc. *Paris*, 1730, 5 vol. in-fol., v. marb. *Planches*.

3i2 — **Van-Swieten.** Traité des fièvres, trad. par Moublet. *Lyon*, 1770, 6 vol. in-12, mar. rouge, fil., tr. dor. Rel. anc.

> Aux armes du Duc de Choiseul, auquel le livre est dédié.

3i3 — **Vatout.** Notices historiques sur les tableaux de la galerie de M. le Duc d'Orléans. *Paris*, 1825, 4 vol. — Catalogue général des portraits formant la collection de M. le Duc d'Orléans. *Paris*, 1829, 4 vol. Ensemble 8 vol. in 8º, v. rose.

314 — **Vatout**. Histoire du Palais-Royal. *Paris,* 1830, in-8º, mar. viol., fil., tr. dor. (*Simier.*)

315 — **Villette**. Histoire de l'image miraculeuse de Notre-Dame de Liesse. *Laon*, 1821, in-8º mar. rouge, fil. dent., tr. dor.

> Exemplaire de Mᵐᵉ la Duchesse de Berry, à laquelle l'ouvrage fut présenté à son passage à Laon en 1821.

316 — **Virgilio**. L'Enéide del commendatore Annibal Caro. *Parigi, Quillau*, 1760, 2 vol. in-8º, v. marbr., tr. dor. *Fig. de Zocchi.*

317 — **Virgile**. L'Enéide, traduite par J. Delille. *Paris, Michaud*, 1804, 4 vol. in-4º, cart., n. rog.

> Grand papier vélin. Figures de Moreau avant la lettre.

318 — **Virgile**. Œuvres, traduites en françois, par l'abbé Des Fontaines. *Paris, Plassan*, 1796, 4 vol. in-8º, v. f. (*Hering.*) *Figures de Moreau.*

319 — **Visconti** et **Mongez**. Iconographie grecque et romaine. *Paris, Didot*, 1824, 5 vol. in-fol., d.-rel., n. rog. *Planches.*

320 — **Vita** (J. de). Thesaurus antiquitatum Beneventanarum. *Romæ*, 1754, in-fol., br.

321 — **Vitruvio**. Architettura comment. da D. Barbaro, *Venetia*, 1584, pet. in-4º, parch. *Fig. sur bois.*

322 — **Voltaire**. Œuvres complètes. *Paris, J. Didot*, 1827, 4 vol. in-8º, d.-rel., v. rose, non rognés.

323 — **Voltaire**. Œuvres complètes. *Paris, Delangle,* 1828, 95 vol. in-8°, v. f.

324 — **Voltaire**. Œuvres poétiques. *Paris, De Bure,* 1824, gr. in-8°, mar. rouge, dent., tr. dor. *Portr.* (*Duplanil.*)

325 — **Walpole** (Horatio). Works. *London,* 1798-1818, 6 vol. in-4° cart. *Portr.*

326 — **Warden**. De l'origine de la nature et de l'influence des établissemens consulaires. *Paris,* 1815, in-8°, mar. rouge, fil., dent., tr. dor.

327 — **Wastelain**. Description de la Gaule-Belgique. *Lille, Cramé,* 1761, in-4°, mar. rouge, fil. large dent., tr. dor. Rel. anc.

Aux armes du Maréchal de Soubise.

328 — **Watelet**. L'art de peindre. Poème. *Paris,* 1760, in-4°, v. *Vignettes par Watelet et Pierres.*

329 — **Weston**. Stenography or the art of Short-hand. *London,* 1727, in-8°, v.

330 — **Winckelmann**. Histoire de l'Art chez les anciens. *Paris,* 1790, 3 vol. in-4°, v. *Planches.*

331 — **Winckelmann**. Monumenti antichi inediti. *Roma,* 1767, 2 vol. in-fol. d.-rel. *Planches.*

332 — **Xenophontis** quœ exstant opera, cum versione latina Leunclavii Amelburni. *Francofurti,* 1596, in-fol., mar. br., fil. dent., tr. dor.

Aux armes du Roi Henri IV.

333 — **Environ 6000 volumes** anciens et modernes de Littérature et d'Histoire. Collections de journaux, mémoires, livres illustrés, etc. Seront vendus par lots.

9 782329 527826